AF247928

SAINT-GENEST

APPEL

AUX MONARCHISTES

Pour être classes dirigeantes il faut diriger.

PARIS

E. DENTU, LIBRAIRE-ÉDITEUR

Palais-Royal, 17-19, Galerie d'Orléans

1875
Tous droits réservés.

APPEL AUX MONARCHISTES

I

Quand un grand changement se fait dans l'opinion, au lieu de le nier ou de le maudire, il faut simplement en rechercher la cause.

Or, si nous remontons ces quatre dernières années, voici ce que nous constatons :

Au lendemain de l'invasion et de la Commune, la France entière, c'est-à-dire les classes dirigeantes, étaient légitimistes. Sauf les hommes *personnellement* attachés à un parti, tout ce qui était intelligent et conservateur était revenu à la légitimité : les trois invasions des Bonapartes, les horreurs des Républiques, la triste fin de l'aventure de 1830, avaient ramené les esprits à cette conviction, qu'un peuple, sorti de la tradition et de l'hérédité, tombait forcément de révolution en césarisme, et que son unique salut était de revenir au fils de ses rois.

C'a été un moment extraordinaire dans notre histoire ; moment unique, on peut le dire, car il y avait, à la fois, réveil monarchique et réveil religieux. Les fils apportaient leur ardeur dans la foi nouvelle, tandis que les pères faisaient leur *meâ culpâ*, brûlant ce qu'ils avaient adoré, adorant ce qu'ils avaient brûlé. Hommes de 1830, compagnons de Lafayette et de Laffitte, disciples des *Débats* et de la *Revue des Deux-Mondes*, tous s'écriaient : « Ah ! qu'avons-nous fait ! Quelle faute d'avoir renversé les Bourbons ! Combien nous avons été insensés ! Combien nous avons été coupables ! »

Il n'y avait plus ni bonapartistes, ni orléanistes, ni libéraux, ni doctrinaires, il n'y avait plus qu'une nation monarchiste qui attendait son roi, et une Assemblée encore plus monarchiste qui était prête à le proclamer. Entraînement si universel, que le groupe légitimiste était comme noyé dans la multitude qui s'était ralliée à lui.

Quatre ans à peine se sont passés :

Aujourd'hui, non-seulement ceux qui s'étaient ralliés se sont retirés peu à peu, mais l'ancien groupe lui-même s'est absolument désagrégé ; de sorte que ce parti, qui, depuis quatre-vingts ans, avait résisté à tous les événements, se trouve dans une situation qu'il n'avait connue ni sous la République, ni sous Louis-Philippe, ni sous l'Empire.

Comment cela s'est-il produit, par quelles successions de fautes en est-il arrivé là ?...

Pour le concevoir, il faudrait reprendre la série des événements depuis Bordeaux jusqu'à cette heure. Il faudrait voir le groupe des cheveau-légers entravant d'abord M. Thiers, puis entravant le Maréchal ; s'alliant aux radicaux, renversant le duc de Broglie, renversant M. de Fourtou, renversant M. de Chabaud-La Tour ; ne s'inquiétant jamais des menaces du dehors, augmentant chaque jour les périls du dedans ; et après s'être rendus complétement impossibles, s'opposant à ce qu'on organise quoi que ce soit dans le pays, comme s'ils aimaient vraiment mieux le voir périr que de le voir marcher sans eux.

L'influence de tels événements était inévitable. A mesure qu'ils se déroulaieut, on s'étonnait, on s'interrogeait, on regardait à droite et à gauche. Les pères, qui s'étaient trop hâtés de faire leur *meâ culpâ*, secouaient la tête comme des gens qui se rappellent... Les jeunes, qui s'étaient jetés si ardemment dans la tradition du passé, s'arrêtaient comme troublés dans leur foi nouvelle... et ne comprenant pas.

Pour eux, la monarchie, c'était saint Louis et Henri IV, Sully et Turenne, Richelieu et Colbert, c'était la gloire, c'était l'honneur, et, par dessus tout, c'était le patriotisme, c'est-à-dire : le salut du pays dominant tout : intérêt, ambitions, rivalités, préférences... convictions, même ! Ils attendaient donc quelque chose de grand, à la hauteur des périls de la France.

Et alors, quand ils ont vu apparaître MM. de Lorgeril et de Franclieu, de Pradine et du Temple, quand ils ont vu que c'étaient ces hommes qui allaient occuper la scène, ils se sont dit : « Comment, c'est donc cela ? C'est donc là ce qui reste de nos preux ? Voilà donc ceux qui seraient au pouvoir si cet ancien régime revenait ? Après avoir tant maudit Thiers et Guizot, Périer et Royer-Collard, Billault et Morny... voilà donc ce que nous aurions ?... »

Et, alors, on a repris les livres, on a repris l'histoire ; l'histoire des émigrés de Coblentz, des voltigeurs de Gand, des fidèles de la Sainte-Alliance ; on a relu, page par page, le récit des deux restaurations, et on a fini par se demander si nos pères avaient été si coupables !

A chaque nouvelle folie des chevau-légers, on reprenait les discours des introuvables, c'est-à-dire des Lorgeril et des Franclieu de ce temps-là ; et chaque jour hélas, on devenait plus sévère pour les amis des Bourbons et moins sévères pour leurs adversaires.

La Révolution de 1830 n'en est pas moins une sottise du peuple, disait-on, et une regrettable action du prince ; car l'homme qui, arrivé par l'émeute, a élevé de ses mains la colonne de l'insurrection, — colonne qui devait retomber sur lui dix-huit ans après, — n'en a pas moins joué un malheureux rôle. Mais, quand on voit de quoi sont capables les radicaux blancs, quelles circonstances atténuantes pour tous ceux que de pareils hommes ont jetés dans le libéralisme et la révolution !...

Et tandis que ce travail se faisait dans les esprits, la presse légitimiste, loin de conjurer le mal, l'aggravait encore par le plus intolérant et le plus agressif des langages ; proclamant ce nouveau dogme de **l'immobilité**, qui apparaît comme un défi porté au bon sens public et à la réalité des faits.

Phénomène inconcevable ! Ordinairement un parti cherche à rallier autour de lui, à faire des prosélytes. C'est ce que font, par exemple, le parti républicain et le parti bonapartiste ; c'est ce que, jadis, a fait Henri IV ; c'est ce que, de nos jours, à fait Louis XVIII. Les orateurs et les écrivains légitimistes, au contraire, ne se plaisent qu'à éloigner. On les entend s'écrier :

« Vous tous, qui n'étiez pas monarchistes hier, et qui vous êtes ralliés à nous depuis nos malheurs, allez vous en ! Vous, Orléanistes convertis et doctrinaires repentants, qui venez vous soumettre à notre roi, allez vous en ! Et comme nous sommes encore trop nombreux, comme, pour le triomphe de notre cause, nous ne voulons être qu'une poignée, vous, qui par votre naissance appartenez à l'ancien régime, vous, qui depuis cinquante ans soutenez la légitimité, vous, disciples des Martignac, des Neuville et des Berryer, allez vous en ! vous n'êtes plus des nôtres, nous ne voulons être qu'un petit groupe d'enragés ! »

Et, tandis qu'on voit cette débâcle dans la maison de la monarchie, à la porte à côté on entend le chef des ultramontains qui s'écrie : « Vous, qui n'étiez pas chrétiens avant 70, et qui avez été ramené à la religion par nos malheurs, allez vous en ! Vous, catholiques de naissance et de profession, mais qui vous êtes faits disciples de Falloux et de Lacordaire, de Montalembert et de Dupanloup, allez-vous en ! vous, qui respectez Bossuet, vous, qui lisez saint Augustin, allez vous en ! »

Si bien, qu'à force d'avoir mis tout le monde à la porte, il ne restera bientôt plus en France que trois chevau-légers et trois ultramontains, conduits par M. Louis Veuillot et M. Laurentie. Ah ! le roi et le pape sont bien servis !...

Et si encore ils faisaient cela en disant : « L'opinion se retire de nous, mais le peuple est imbécile,
nous ne comptons pas sur le nombre, nous méprisons
le nombre... » A la rigueur, on pourrait comprendre
leur langage... Mais, loin de là, à mesure qu'ils ren-
voient leurs adhérents, ils disent : « Respect au suffrage universel ! Vive le suffrage universel !... » c'est-
à-dire, vive le nombre ! Si bien, que, le jour où ils en
seront venus à leurs fins, le jour où ils auront fait
voter la dissolution, ils disparaîtront jusqu'au dernier, laissant le fantastique souvenir des Franclieu et
des du Temple, à la place du grand souvenir de
Berryer.

II

Maintenant, pour expliquer ce nouveau dogme de
« l'immobilité par droit divin, » qui est l'in-
vention de notre siècle, il est juste de dire que les
événements effroyables dont la France a été le théâtre
ont singulièrement contribué à cet égarement des es-

prits. Les extrêmes s'appellent: après les ouragans et les destructions de 93, de 48 et de la Commune, il devait se produire des réactions en rapport avec de si grandes horreurs, et ceux qui avaient été emportés par ces tempêtes devaient avoir ce vertige qui fait qu'au bord même de l'abîme on se prend la tête à deux mains, on ferme les yeux et on dit : « Je ne veux plus regarder, je ne veux plus savoir. Il ne reste qu'une chose à faire : reculons!... » Et alors on recule, quand bien même, se trouve en arrière un abîme plus épouvantable encore!...

C'est un phénomène particulier à un pays, qui, au lieu de réformes, n'a jamais connu que des révolutions; un pays, où, les hommes d'ordre ne veulent rien accorder, parce que les hommes de désordre veulent tout leur arracher!

Partout on comprend que le temps marche, et qu'en dehors des dogmes religieux, Dieu n'a permis rien d'immuable ici-bas; que, de se poser comme un rocher au milieu de tout ce qui s'écoule, ne rentre pas dans les conditions des choses humaines.

Dans les autres pays, tout le monde tient compte de cette marche des événements; c'est la caravane de la vie : aristocratie anglaise, allemande, russe,.... seigneurs et manants, s'avancent à travers les périls et les obstacles. Chez nos voisins, les tories veulent ralentir, les whigs veulent avancer; mais, personne ne songe à invoquer ce principe de l'immobilité. Et, même, on peut dire que cette aristocratie dont Robert Peel est resté un éminent exemple, n'a conservé toute la puissance d'autrefois qu'en tenant compte des nécessités d'aujourd'hui.

Chez nous, au contraire, au lieu d'un fleuve qui fertilise ses bords, il n'y a qu'un torrent démagogique qui bouleverse tout sur sa route, tandis que le long de ses rives se dressent des roches qui semblent dire : nous sommes immuables comme les choses éternelles ! Et, quand on considère, et les hommes qui précipitent le mouvement avec fureur, et ceux qui le retiennent avec acharnement, on croit voir ce cercle du Dante, où avares et prodigues sont là, enchaînés ensemble, se suppliciant l'un par l'autre, et hurlant avec fureur : « *Perchè tieni? — E perchè burli? — E perchè tieni?...* »

Car ceux qui parlent du rôle que toute aristocratie doit *nécessairement* jouer dans son pays, commettent une grave erreur. Pour qu'elle remplisse ce rôle, il ne suffit pas de l'éclat du nom, de l'autorité de la tradition, de la puissance de l'argent, il faut autre chose encore : il faut, au-dessus des questions de principe et de drapeau, il faut le dévouement absolu à la chose publique, un patriotisme ardent, et une action efficace et continue.

En Angleterre, par exemple, les seigneurs ont la haute influence à laquelle ils ont droit, parce qu'ils ont inspiré au peuple cette pensée qu'ils n'étaient pas l'aristocratie d'une dynastie, mais l'aristocratie d'un grand pays.

Quand les Stuarts ont été renversés, les Stuarts, qui étaient les princes légitimes, qui avaient le droit, la tradition et la consécration du malheur, l'aristocratie anglaise après quelques années de regrets et de manifestations isolées, n'a pas perdu un demi-siècle à pleurer le passé et à entraver la marche du gouvernement. Elle a accepté les faits accomplis et, sans montrer de grands attachements à la dynastie nouvelle, elle est restée classe dirigeante, classe souveraine, se tenant toujours à la tête des affaires et conduisant la haute politique du pays, pour le mener à ce point de prospérité et de grandeur où nous le voyons aujourd'hui.

Loin de s'immobiliser dans la contemplation de leurs titres et dans les souvenirs du passé, les seigneurs anglais sont restés les premiers sur la brèche : affaires politiques, réformes sociales, meetings populaires, ils dirigent tout, ils organisent tout ; et, dans les questions extérieures, ils oublient, en un instant, querelles de whigs et de tories, de ministères et d'assemblées, pour ne voir qu'une chose : l'Angleterre, la vieille Angleterre, la puissance de l'Angleterre !

Si bien que ce peuple anglais, ce peuple des grandes villes, dont la misère contraste si effroyablement avec l'opulence des seigneurs, ce peuple suit aveuglément son aristocratie, parce qu'elle a su lui donner cette conviction qu'au-dessus de toute question dynastique, politique ou nobiliaire, il y a pour elle une chose souveraine, l'intérêt du pays; et que la reine elle-même n'a d'autre prestige à ses yeux que de représenter la Grande-Bretagne.

De là, la puissance incomparable de cette noblesse qui personnifie en elle le génie de la patrie!

On répondra que c'est la grande révolution qui, chez nous, a brisé cette force nécessaire à toutes les nations... Oui, cela est vrai. C'est cette révolution qui, moins sanglante encore que stupide, a détruit les organes de notre malheureux pays. C'est elle qui a tout anéanti, tout réduit en poussière. Mais si, après la perte de ses priviléges et de ses droits, l'aristocratie française avait cherché à conserver l'influence morale qu'aucune émeute ne peut arracher; influence puisée, non-seulement dans la tradition et le respect du passé, mais aussi dans le patriotisme et les services rendus, malgré tout elle aurait conservé la première place.

Loin de là, on sait ce qui s'est passé: bien avant la Révolution, dès le règne de Louis XV, l'aristocratie s'était désintéressée des devoirs publics, pour jouir simplement des priviléges. Puis, après la grande Révolution, elle est entrée en lutte avec la nouvelle société; et alors, loin de personnifier la patrie, elle a été exclusivement un parti, et un parti sans armée, c'est-à-dire une coterie.

A mesure que les événements se déroulaient : Marengo, Austerlitz, Iéna, Friedland; puis, Constantine, Isly, Sébastopol, Solférino,... au lieu de prendre une part active à ces grands événements qui passionnaient la nation, elle semblait les voir avec cette tristesse d'un parti qui contemple les succès d'un gouvernement ennemi.

Alors même que les enfants suivaient nos drapeaux, les pères semblaient dire à chaque bataille : voilà une victoire qui retarde le retour de notre roi! Et le peuple, qui sentait vaguement cette impression, s'éloignait du noble mécontent, pour suivre le prince libéral et surtout le César victorieux à qui l'aristocratie laissait tout le prestige de la gloire et de la patrie.

Alors, s'est formé cette noblesse nouvelle, qui considère l'inaction comme une vertu, l'opposition comme un dogme; noblesse qui borne son influence à certaines coteries de salon, et qui met tout l'intérêt de la France dans des nouvelles arrivées de l'étranger, des ordres venus de Frohsdorf, et des événements annoncés par les prophéties... ou, plutôt, c'est alors que la noblesse a abdiqué en France !

Car, il ne faut pas se méprendre sur le mot et sur la chose : quand nous répétons qu'un pays ne peut vivre sans aristocratie, et que le suprême malheur de la France, c'est d'avoir anéanti ses classes dirigeantes, nous entendons par aristocratie une classe qui dirige, et non pas une classe qui s'abstient, et surtout une classe qui entrave.

Il ne suffit pas de posséder un parchemin et de se promener à travers le monde, en maudissant son siècle et son pays pour être une classe influente dans la nation. Il faut se mêler aux événements, prendre part aux affaires ; et, par-dessus tout, donner à ce peuple l'impression qu'avant de servir un prince, on sert son pays. En un mot, il faut être comme Henri IV, qui, en fait de droit divin, a voulu être le plus français de tous ses sujets.

Et, la meilleure preuve de ce que nous venons de dire, c'est que le jour où l'aristocratie a oublié son roi pour ne penser qu'à la France, le jour, où prodiguant son sang, son or, elle a héroïquement combattu sous les ordres d'un aventurier, ce jour-là elle a retrouvé, en un instant, sa popularité perdue ; car, l'Assemblée actuelle est sortie de ces champs de bataille, et la France était prête à accepter le roi, si le roi l'avait voulu.

Malheureusement, ce n'a été qu'un éclair de patriotisme et de raison en quatre-vingts ans d'erreur ; et, depuis l'échec de la monarchie, ces hommes sont retombés dans leurs anciens errements.

Errements plus funestes que nous ne saurions dire. Notre peuple est hélas, bien imbécile et bien corrompu; mais, quand il passe devant ces hôtels muets du faubourg Saint-Germain, au lieu d'avoir ce sentiment que ce sont des grands seigneurs français, il a ce vague instinct que ce sont des hommes de parti qui connaissent peu la France et qui mettent toute leur passion au service de Fröhsdorf.

C'est une faute incalculable, et c'est un immense malheur! On n'aura jamais d'action sur un pays, si on laisse à d'autres le prestige du patriotisme. Dieu merci, ce sont les cordes les plus profondes chez un peuple; et quand on ne les fait pas vibrer, ce sont les prétoriens et les aventuriers qui s'en emparent.

En réalité, oserai-je dire ce qui manque à ces hommes? Eh bien, quand on ne se laisse pas étourdir par ce bruit sans écho, cette agitation sans résultat, cette ardeur sans objet, on voit que, ce qui leur manque... c'est la foi !

Non pas la foi dans leurs principes, la foi dans leur droit,... mais la foi en eux-mêmes, la foi dans leur succès, *dans la possibilité de leur triomphe.*

Eh ! non ! ils ne croient pas, autrement ils agiraient, ils prendraient part à la lutte ; ils descendraient du domaine des théories dans celui des faits, ils saisiraient les événements et les hommes corps à corps, au lieu de se contenter d'exagérer leurs paroles et leurs prétentions à mesure qu'autour d'eux les obstacles et les impossibilités augmentent.

Eh ! quoi ! quelle est la situation ? Ils veulent une chose formidable : étant donné un peuple révolutionnaire, des ouvriers gangrenés par la démagogie, des paysans égarés par les plus absurdes préjugés, et des soldats qui ne connaissent que les Césars, étant donné un pareil peuple, ils veulent qu'il s'arrache à son siècle, qu'il sorte des sables mouvants de la révolution, qu'il remonte le cours du passé et se courbe sous le régime même qu'il a détruit !...

Voilà ce qu'ils tentent ; c'est-à-dire une œuvre superbe, mais aussi colossale que de transporter la Méditerranée dans la mer Rouge, que d'entraîner les nations de l'Occident à la délivrance de Jérusalem ! Eh bien ! pour faire rentrer la vieille monarchie dans notre France, pour lui creuser un canal dans ce sol révolutionnaire, que font-ils ?

Sans rappeler les prodiges des siècles de foi, de nos jours il s'est rencontré un homme, qui, lui aussi,

BIBLIOTHÈQUE

2

a voulu une chose impossible : faire passer nos vaisseaux à travers les sables d'Egypte. Mais au lieu de rester dans sa demeure à protester contre ses adversaires, au lieu de se complaire à lancer des anathèmes dans un journal et à exagérer son projet à mesure qu'il y trouvait plus d'obstacles, il parcourait l'Angleterre et l'Europe, montant sur les bornes, grimpant sur les charrettes, haranguant les foules, parlant comme l'apôtre à temps et à contre temps ; communiquant, peu à peu, la foi qui embrasait son âme, et finissant par créer cette œuvre que les hommes de raison avaient déclarée insensée !

Eh bien, pour creuser ce canal qui doit ramener la vieille monarchie dans la France révolutionnaire, encore une fois que font-ils ? Vont-ils dans les fermes, convertir les paysans ? dans les usines, convertir les ouvriers ? dans les camps, convertir les soldats ? Imitent-ils les révolutionnaires que l'on rencontre partout avec leurs journaux, leurs brochures et leurs agents ?

Non, n'est-ce pas, sauf quelques rares exceptions, ils restent paisiblement dans leurs demeures, au milieu d'un monde qui est trop parfaitement de leur opinion, se congratulant à l'envi et lisant les feuilles qui flattent leur passion ! Car dans ce parti, quand une fois on a dressé son drapeau plus haut que les autres, ont est dispensé d'agir, d'indiquer un plan, de donner une raison, de répondre à un argument!... On peut même vivre des vanités et des frivolités du monde; l'exagération tient lieu de tout: il suffit de répéter invariablement: « Pas de concessions; nous avons fait dire au peuple d'avoir à se soumettre à notre roi; nous attendons.... »

Et alors on attend!... On attend chez soi, au club, au théâtre, au bal, aux courses, aux tirs aux pigeons... Après quoi, on dit en rentrant : « Quelles nouvelles, Jasmin? La France s'est-elle sonmise? s'est-elle transformée? Non?... eh bien! nous allons renverser les ministères, renverser Mac-Mahon, renverser tous les gouvernements! Puis, au coin de son feu on reprend *l'Union*, *l'Univers*, c'est-à-dire des journaux qui n'étant lus dans aucun village, n'ont par conséquent aucune action sur le peuple, et quand on a fini l'article on se dit: Eh bien, si après cela la France ne se rend pas, elle mérite de rouler au fond de l'abîme !

C'est lamentable !

III

Enfin, hier les choses en étaient venues au point, les derniers événements avaient porté un tel trouble dans les esprits, qu'il s'était trouvé un membre de la droite pour venir insulter le maréchal de Mac-Mahon, des députés pour s'associer à l'outrage, des journaux pour y applaudir !

Le fait, en lui-même, n'était rien : ce général, inconnu de l'armée, venant accuser de lâcheté un héros légendaire, ce prétendu fidèle du drapeau de l'honneur, ce monarchiste, qui devrait enseigner aux autres le respect de l'autorité et de la discipline, venant désigner au mépris du peuple le chef de l'Etat, au mépris des soldats le chef de l'armée... c'aurait été un acte de haute trahison, si ce n'avait été une chose de haute bouffonnerie.

Mais si, en elle-même, cette chose n'existait pas, au moins elle révélait l'intensité de la crise; crise qui égalait tout ce que la Chambre des introuvables nous avait jadis fait connaître !

Cette sorte de folie paraissait arrivée à son paroxysme. Il semblait même qu'elle s'exaspérait des obstacles qu'elle rencontrait, et que ses accès devenaient plus furieux à mesure que les impossibilités se dressaient sur sa route !

En continuant ainsi, le parti royaliste se suicidait ! Il se perdait pour jamais dans l'esprit du pays. C'était l'irrévocable triomphe de la révolution, et le coup de grâce porté au respect de la tradition et aux principes monarchiques.

A force de le voir allié aux radicaux, à force de voir MM. de Lorgeril et de Franclieu marcher derrière MM. Marcou et Barodet, on finissait par confondre le drapeau blanc avec le drapeau rouge ; et les classes dirigeantes n'apparaissaient plus que comme un péril pour la nation !

Nous savions que la majorité des légitimistes déplorait la conduite des chevau-légers ; mais, jusqu'ici, leur voix était étouffée dans la presse et à la tribune, par quelques individualités bruyantes qui égaraient l'opinion.

Et puis... il faut bien le dire: Ils n'osaient pas !

Ils n'osaient pas secouer le joug de certains chefs. S'ils avaient le courage du champ de bataille, il leur manquait le courage civil. Ils redoutaient plus les vaines critiques, de l'esprit de coterie qu'ils n'avaient redouté les obus des Prussiens ; et leur faiblesse était

telle, que, souvent on les entendait déplorer dans l'in-
timité le vote même qu'ils venaient de déposer dans
l'urne.

Enfin, un groupe d'homme s'est rencontré, assez
patriote pour dominer tous les préjugés, assez coura-
geux pour braver toutes les colères, assez intelligent
pour bien comprendre la situation. C'est le groupe
représenté par l'honorable M. de Kerdrel.

Il a su voir *qu'au point où en étaient les choses,* il
s'agissait, non pas de voter l'organisation de la République, mais **l'ensemble des lois d'ordre et
de conservation sociale qui pouvaient
garantir la France contre cette République même.**

De là l'importance de ce manifeste.

Le manifeste Kerdrel, c'est le parti royaliste reprenant sa place de combat dans l'armée de l'ordre ;
c'est la démocratie prise dans ses propres piéges ;
c'est la République se retournant contre ceux qui
l'ont proclamée, c'est le radicalisme se réveillant,
tout d'un coup, les mains vides, n'ayant pour conso-
lation qu'une étiquette mensongère... tandis que, le
programme de l'extrême-droite, c'est le suicide de la
légitimité, c'est l'impopularité définitive, de tout le
parti monarchique, c'est le triomphe des républi-

cains, et, pour tout dire, c'est le plus ferme espoir de la Commune et de la Prusse.

Car, ce qui est incontestable, et ce que je défie MM. de Lorgeril et de Franclieu de pouvoir nier, c'est que, *s'ils désespèrent les hommes d'ordre, ils font la joie des démagogues!*

Chaque jour les feuilles radicales complimentent l'extrême-droite, et l'encouragent à rester inébranlable dans ses principes ; tandis qu'elles n'ont pas assez d'injures pour les monarchistes raisonnables et modérés, qui, par leur sagesse, pourraient ramener la monarchie. Et, si M. le comte de Chambord ne vivait pas dans une sphère idéale, il aurait remarqué ce phénomène étrange **des radicaux qui l'applaudissent depuis quatre ans, immobilisé dans son drapeau blanc, et qui n'ont interrompu ce dithyrambe qu'à une seule époque, au mois d'octobre 1873, où, croyant à l'acceptation du drapeau tricolore, ces mêmes hommes traînaient le roi dans la boue, parce que c'est le seul jour où le roi était possible.**

Cela, seul, devrait suffire pour éclairer la situation et indiquer la marche à suivre.

Et, maintenant, si certains royalistes nous objectent que, tout en reconnaissant ces vérités, ils sont encore retenus par une question de conscience et qu'ils ne peuvent se résoudre à soutenir une politique qu'ils condamnent... comme suprême argument, nous dirons ceci :

En admettant que cette politique soit mauvaise, pourquoi ne feraient-ils pas aujourd'hui ce qu'ils ont fait pendant nos six mois de guerre? C'est-à-dire, pourquoi ne combattraient-ils pas avec nous la démagogie comme ils ont combattu l'étranger, en surmontant leur éloignement et en conservant leurs préférences?

C'est cependant ce qu'ils ont fait, alors!... Alors que rien ne pouvait décourager leur ardent désir de sauver la France; alors qu'aucun dégoût, aucune insulte, aucune menace ne pouvait leur faire quitter leur poste?

Un aventurier du café de Madrid était chef d'État et chef d'armée; il avait pour fonctionnaires des hommes sans aveu, pour partisans des futurs complices de la Commune... et ils restaient!

Les Ranc et les Pipe-en-Bois chassaient nos prêtres et dévastaient nos églises!..... les magistrats donnaient l'ordre de les arrêter, et les préfets de les *fusiller*... et ils restaient!

Outragés, menacés, persécutés, ils restaient toujours; et leur éternel honneur ce sera d'être restés!

Eh bien, ce qu'ils faisaient en ces temps de violence et d'opprobre, pourquoi ne le feraient-ils pas en ces temps d'ordre et d'apaisement? Trouvent-ils donc que la France n'est plus en danger, ou trouvent-ils que le sacrifice soit plus pénible aujourd'hui? Devant l'étranger qui menace et la révolution qui relève la tête, croient-ils qu'il n'y a plus de périls, ou estiment-ils qu'il est plus pénible de se soumettre aux doctrinaires que d'obéir aux démagogues? d'accepter M. de Mac-Mahon que M. Gambetta? MM. Buffet et Chabaud La Tour que MM. Crémieux et Glais-Bizoin?...

Encore une fois il ne s'agit pas de politique. Le Maréchal leur dit simplement: « Je représente le parti de l'ordre; secondez moi pour combattre les révolutionnaires et sauver la France de l'étranger menaçant. » Pourquoi ne répondent-ils pas: « Nous protestons contre la politique de MM. de Broglie et Buffet, mais nous restons au milieu du parti de l'ordre à notre place de combat, conservant nos espérances et attendant l'heure d'arborer notre drapeau! »

Et nous pouvons l'affirmer, ils ne seraient pas seuls à faire des sacrifices! Bien d'autres suivent sans enthousiasme, faisant chaque jour abnégation de leurs sentiments personnels pour le salut du grand parti de l'ordre.

Ah ! si, après avoir poussé le patriotisme jusqu'à
supporter le gouvernement de Septembre, ce qui était
bien dur, ils s'unissaient à tous les honnêtes gens pour
accepter momentanément l'état de choses actuel, ce
qui est facile, et si demain le peuple, l'armée la France
entière, apprenaient que, reprenant leur véritable
rôle, les légitimistes sont redevenus les ennemis achar-
nés des révolutionnaires comme ils ont été les ennemis des Prussiens, et qu'ils n'ont plus jamais à comp-
ter sur l'appoint de leur vote... ah ! comme les fautes
seraient vite oubliées ! avec quelle ardeur nous les
acclamerions, et comme ce vieux royalisme qui est
au fond de notre cœur à tous, *hommes de bonne volonté,* et qui repose, non sur les traditions de famille,
mais sur le bon sens, la réflexion, le respect du passé,
la connaissance de notre histoire, comme ce vieux
royalisme se réveillerait aussitôt... Et alors ils ver-
raient ce que c'est, quand, au lieu de n'être qu'une
coterie isolée dans le pays, on redevient un grand
parti national.

Car, il ne faut pas l'oublier, un parti a de l'influence
sur la nation, non pas en raison des principes qu'il
proclame, mais de la conduite qu'il tient, des sacrifices qu'il fait, des services qu'il rend.

SAINT-GENEST.

IV

Plusieurs membres de l'extrême droite ayant cru devoir répondre aux accusations portées précédemment contre eux, M. Saint-Genest a adressé à M. de Lorgeril la lettre suivante (1) :

Monsieur,

Je lis le réquisitoire que vous me faites l'honneur de me consacrer, précédé de la déclaration de M. Laurentie, et suivie des deux missives de MM. du Temple et de Franclieu. J'ai le double regret, monsieur, de ne pas rencontrer, dans ces pages un argument, une réfutation, un fait, et d'y trouver simplement des insinuations et des violences ou des injures.

Pour moi, qui déplore que les polémiques de la presse dégénèrent si souvent en questions personnelles, je déplore encore bien plus qu'un pareil exemple soit donné par des hommes qui nous disent tenir le drapeau de la foi et de l'honneur, et qui nous parlent au nom du Christ et du roi. Je le regrette, monsieur, pour vous, pour vos amis, pour votre cause.

Il y a deux ans, avertissant M. Louis Veuillot du

(1) Voir aux Pièces justificatives les lettres de MM. de Lorgeril, de Franclieu, du Temple, de Carayon-Latour, les articles de *l'Union* et de *l'Univers,* et enfin les discours du 22 juin et du 7 juillet 1875.

mal qu'il faisait à la religion, je disais, en même temps, quelle admiration j'avais pour son talent, quelle estime pour son caractère... Lui, chrétien, ma répondu par des sottises. Aujourd'hui, quand je viens vous avertir du mal que vous faites à la royauté, vous, monsieur, vous me répondez par de tristes insinuations; M. de Franclieu par des outrages; M. du Temple par des bouffonneries; M. Laurentie par... quelque chose que je ne sais comment nommer, mais enfin qui est le contraire de la vérité.

Ce que je regrette encore, monsieur, c'est qu'au lieu de vous tenir dans les questions générales, vous veniez invoquer les services que vous et les vôtres avez rendus dans cette dernière campagne. Nous croyions vous en avoir dispensé en en parlant souvent... Trop souvent peut-être, permettez-moi de vous le dire. Car, avoir défendu son pays ne peut être un titre de services exceptionnels. Dieu merci, il n'y a eu d'exception que pour les hommes de la révolution.

Tous les partis ont combattu sous les ordres de M. Gambetta, excepté les amis de M. Gambetta; tous les partis ont fait de la guerre à outrance, excepté ceux qui avaient inventé le mot de guerre à outrance. Sauf le parti révolutionnaire qui, pendant cette guerre, a été synonyme de trahison, et qui, en face de l'ennemi, n'a fait que chanter, manifester, se révolter, insulter et lasphémer, tous les autres ont noblement rempli leur devoir. Et si quelques noms éclatants ont attiré l'attention sur vous, il ne faut pas oublier les cent mille noms obscurs qui sont tombés sur les champs de bataille.

Laissez-nous donc parler de votre conduite, et n'en parlez pas vous-même. D'autant plus que, après les souvenirs de Coblentz, on pourrait voir dans cette insistance comme un étonnement de vous être trouvé enfin au milieu d'une armée *nationale*. Il est vrai que c'est la première fois depuis quatre-vingts ans que l'on vous voit combattre pour la France sous un autre drapeau que le vôtre, c'est-à-dire préférer votre pays à votre parti ; mais il ne faut pas le faire remarquer vous-même.

En réalité, de quoi s'agit-il ?

Il ne s'agit nullement du discours de M. du Temple et vous le savez bien. Il s'agit de toute autre chose : au lendemain du jour où on avait accusé le maréchal de Mac-Mahon d'être *ambitieux, malhonnête* et *lâche,* le journal qui représente officiellement votre parti, le journal qui se dit l'organe autorisé de M. le comte de Chambord, a ouvertement déclaré : que M. du Temple avait eu raison de parler, et que son seul tort était de n'avoir pas suffisamment enveloppé sa pensée. Voilà le fait, fait monstrueux, qui, en ce moment, est un scandale pour l'armée, pour la nation, pour l'étranger.

Si vous avez cru que c'était à trois ou quatre d'entre vous que je m'adressais, vous vous êtes étrangement trompé. Je m'adressais à tout un groupe... Non pas au *vrai parti monarchiste* à qui je rends ici un éclatant hommage ; parti qui fait le bien silencieusement, pendant que vous faites le bruit, qui ramène pendant que vous éloignez, qui convertit pendant que vous scandalisez. Non ! mais je m'adressais à ce groupe qui, après avoir perdu la cause de l'aïeul, compromet si gravement la cause du petit-fils ! Ce groupe d'hommes convaincus, mais insensés, dont le dogme est de *prononcer les paroles les plus excessives, de demander les choses les plus violentes* SANS JAMAIS SE PRÉOCCUPER DES MOYENS.

Si nos ancêtres avaient suivi un pareil dogme, la monarchie légitime aurait depuis longtemps disparu de la France. Si Henri IV, le huguenot Henri IV, était resté dans son comté de Béarn en répétant : « Voici ma volonté souveraine ; j'attends que les Guises se soumettent, que les ligueurs, les catholiques et les politiques reconnaissent mon droit »... il ne serait pas monté sur le trône et peut-être aûrait-il laissé périr le pays.

Si, après nos désastres, Louis XVIII avait dit : « Jamais je ne subirai les généraux de l'usurpateur, je ne ferai aucune concession ni aux événements ni au temps »... Louis XVIII serait mort en exil et la France aurait été démembrée.

Henri IV et Louis XVIII ont sauvé la France par des concessions. M. le comte de Chambord a refusé de le faire. Parti de France tout enfant, il ne pouvait être renseigné que par ses fidèles ; c'est vous qui l'avez trompé ; c'est sur vous que retombera tout le poids de ce qui s'est passé !

Si vous lui aviez dit que les campagnes, les villes et les camps n'accepteraient *jamais* le drapeau blanc, il n'aurait pas écrit sa lettre. Si vous lui aviez dit — ce que je vous défie de nier — qu'il ne trouverait pas en France un bataillon, un seul, capable de rejeter l'héroïque et malheureux drapeau de Freschwiller, il aurait tenu un autre langage !... Mais, au lieu de l'éclairer, comme c'était votre devoir, vous avez mis sous ses yeux une France chimérique, fruit de vos songes et de vos passions.

Et cependant, jamais pour vous la tâche n'avait été si facile. Ce n'était pas comme en 1815 où le roi rentrait en même temps que l'étranger, au bras de l'assassin de son frère, et conduit par un évêque défroqué... Non, cette fois votre prince rentrait au bras du chevalier sans peur et sans reproche, acclamé par l'armée que d'effroyables désastres avaient, à ce moment, éloignée de l'Empire. Il n'y avait rien à faire.....

il n'y avait qu'à laisser faire; en un mot, qu'à ne pas vous opposer au triomphe de votre propre parti; et cela vous ne l'avez pas pu!

Aussi, laissez-moi vous le dire : si vous vous agitez de la sorte, si un simple article a le pouvoir d'exciter en vous de telles colères, c'est que vous sentez que l'heure approche où il vous faudra rendre vos comptes. A la veille de cette dissolution à laquelle vous nous conduisez, quand vous serez au moment de disparaître (pour jamais) de la scène, la France vous criera : « Qu'avez-vous fait de la monarchie? Où avez-vous conduit le roi?... Il y a quatre ans, votre cause était triomphante; et maintenant elle semble perdue. Qu'avez-vous fait? »

Et alors dans votre affolement, vous vous en prenez aux monarchistes, aux libéraux, aux doctrinaires, vous vous en prenez à l'Assemblée, vous vous en prenez à la nation, vous vous en prenez au Maréchal, vous vous en prenez à tout le monde, excepté à vous! Et cependant, croyez-le, tout le monde est innocent de l'insuccès de la monarchie, excepté vous!

Vous aurez, à la fois, à rendre compte et de la restauration que vous aurez empêchée et de la république que vous aurez établie! Car le vote du 25 février, *c'est votre œuvre!* Sans vous, le Septennat du duc de Broglie était voté, et la République évitée!... A ce point qu'il est question aujourd'hui d'inscrire quelques-uns des plus violents d'entre vous sur les listes Thiers-Gambetta, à cause « des services que vous rendez à la démocratie en divisant le parti de l'ordre »; et surtout, disent-ils, pour la grande joie de « voir la place des Châteaubriand, des Martignac et des Berryer tenue par les chevau-légers du jour.

Et, au milieu de ces tristesses, ce qu'il y a de vraiment pénible, ce n'est pas seulement les choses que vous faites, mais la manière dont vous les faites. Ce sont ces allures dégagées, ce ton badin et léger qui se retrouvent dans vos dernières lettres, et qui, tout en étant une tradition de parti, ne sont peut-être plus de circonstance aujourd'hui.

Chez le marquis de la Seiglière, ce genre de plaisanterie était charmant, et j'y ai bien souvent applaudi à la scène. Ce type de vieux voltigeur, pirouettant à travers tout, ne reconnaissant pas M. de Buonaparte, demandant ce que c'est que la bataille d'Austerlitz... c'était tout à fait divertissant!... Mais, sur les cendres des Tuileries et en face de l'étranger menaçant, cinquante marquis de la Seiglière, qui, au lieu de s'occuper des périls du pays, nous égayent de leurs joyeux discours, c'est autre chose! La réalité est trop terrible, et si vous avez le courage de plaisanter toujours, nous n'avons plus le courage d'en rire.

Vous me reprochez de prendre un ton magistral,

solennel. C'est vrai, cela est fort ridicule. Mais quand j'apprends à l'étranger que vous avez conduit la France au bord de l'abîme, quand j'apprends que par votre faute, le 11 janvier 1874, une coalition était formée contre nous, quand j'apprends que sans le duc Decazes nous étions absolument perdus, je le répète, je n'ai plus le courage de rire.

Vous avez, de ce côté, des grâces d'état, des grâces juvéniles et charmantes. Que la Commune se dresse, que l'étranger menace, que vos folies poussent Victor-Emmanuel à Berlin, que les troupes italiennes soient prêtes à entrer à Toulon, cela ne vous fait rien ! Vous continuez à répéter : « Ne retirez pas *l'Orénoque!*... Palsembleu! pourquoi a-t-on retiré *l'Orénoque!*.... Pourquoi écoute-t-on ce faquin de roi d'Espagne ! Il faudrait envoyer au diable ce maraud de Victor-Emmanuel... Ventre-saint-gris! M. de Mac-Mahon fait appel au parti de l'ordre ; mais, pas de concessions ! Le drapeau blanc ou la mort! Il faut que la France cède; il faut que les paysans, que les ouvriers, que les soldats, que la Prusse, que l'Europe... que tout change, que tout cède! »

Après quoi on vous rencontre voltigeant dans la salle des Pas-Perdus, plaisantant avec vos nouveaux alliés les radicaux, demandant un impôt sur les chapeaux, un règlement sur les remèdes... C'est lugubrement gai !

En ce moment même vous nous révélez bien autre chose. Vous osez vous plaindre du Maréchal qui, chef d'État et engagé par sa parole, a refusé de tromper la confiance des autres partis, en donnant des rendez-vous clandestins à votre roi. Et vous ne vous apercevez pas que vos attaques sont le plus grand éloge que vous puissiez faire de lui !

Pendant que vous reprochez à ce « fils d'émigré » de ne pas avoir trahi les impérialistes en conspirant avec M. de Chambord, les impérialistes reprochent à ce « Maréchal de l'empire », de ne pas avoir trahi votre roi en conspirant avec leur prince, et les républicains reprochent à ce « chef de la République » de ne pas avoir trahi tous les conservateurs, en faisant triompher les démocrates. Tant que vous tous, hommes de parti, aurez à vous plaindre du Maréchal, et que les hommes de bonne volonté l'acclameront, c'est que tout sera bien !

Et, puisque je parle du Maréchal, du Maréchal que vous me reprochez de servir jusqu'à l'*adulation*, peut-être est-ce l'heure de dire pourquoi je l'ai pris pour type, puisqu'en ce moment même vos amis l'accusent d'infamie et de lâcheté.

Certes, ce n'est pas l'homme que j'aime en lui !... L'homme, je ne le connais pas, je ne l'ai jamais vu ! D'ailleurs les personnalités politiques me touchent peu. Je ne comprends même pas ces grands dévouements, ces attachements princiers dont vous êtes si fiers ! En d'autres temps je me serais peut-être donné ce luxe comme les autres. Peut-être aurais-je aussi choisi un prétendant pour me poser dans le monde ; mais quand je vois mon pays si malheureux et si menacé, je n'ai qu'une sorte de dévouement féroce qui consiste à aimer les princes et les chefs d'Etat uniquement à cause des services qu'ils peuvent rendre à la France, et à les sacrifier sans pitié dès que je ne les crois plus utiles.

Donc, je vais vous dire pourquoi, *jusqu'ici*, j'acclame le Maréchal : ce n'est point parce qu'à Sébastopol il a ajouté une superbe page à ce livre d'héroïsme qui s'appelle l'histoire de France ; ce n'est point parce qu'à Magenta il a sauvé l'armée et décidé la victoire, ce n'est pas parce qu'en 70 il a livré ce terrible combat qui nous console de nos défaites ; non ! c'est parce qu'après cette belle carrière il est venu silencieusement servir son pays, sans récriminer, sans parler de son passé, sans se plaindre de personne ; parce qu'il est venu modestement se mettre sous les ordres de M. Thiers pour nous sauver de la Commune, parce qu'il a accepté simplement le pouvoir pour nous sauver des radicaux, parce qu'après cela, il a offert de remettre ce pouvoir à votre roi, quand votre roi était possible ; et, parce que, le jour où vous avez follement compromis la monarchie, il a cherché à organiser un gouvernement avec les honnêtes gens, se résignant à toutes les concessions jusqu'à la République, pour faire vivre un pauvre pays tué par vos divisions!

En un mot, parce que je l'ai toujours vu s'occuper de la France et jamais un jour de lui, de ses principes, de ses préférences, de ses répugnances... ce que vous faites tous, hommes de parti!

Enfin, je le soutiens, parce que je suis sûr qu'après avoir fait toutes les concessions possibles, après avoir supporté toutes les entraves des hommes de parti, cherché tous les moyens d'entente imaginables, il s'arrêtera là ou commencera à lui apparaître un vrai péril pour le pays. Et que jamais, sous prétexte de légalité, il ne remettra toutes les forces vives de la France, notre armée, notre administration, nos richesses, entre les mains des *républicains alliés aux radicaux*, comme l'espère ce parti démocratique qui affecte de le servir pour mieux le perdre, et comme l'espèrent, hélas! tous vos amis, qui, pour se venger de leur mésaventure, aiment mieux voir la France rouler au fond de l'abîme que de la voir gouvernée par d'autres que par eux!

SAINT-GENEST.

PIÈCES JUSTIFICATIVES [1]

Outrage au Maréchal de Mac-Mahon.

Séance du 22 Juin 1875.

M. du Temple. — .... Ceux qui ont fait cette loi en répondront devant la justice divine. Ils ne vont pas à Rome prendre leur mot d'ordre, mais ils le reçoivent des francs-maçons et des sociétés secrètes (Bruit et rires), qui leur promettent la satisfaction de leurs passions ou les menacent du poignard et du poison, s'ils désobéissent. (Exclamations.)

La passion et la peur ont fait fabriquer bien des lois insensées dans les Assemblées, sous le joug d'un tyran, Robespierre ou Cromwell... Tout honnête homme forcé d'obéir à ces lois, obtenues par des compromis indignes, a le droit de travailler à les renverser. (Bruit.)

Le vote des lois constitutionnelles a été une mauvaise action. (Bruit.) Mais dans un pays où l'on voit récompenser par les plus hautes faveurs la lâcheté, l'inconsistance et la trahison, la moralité publique ne se trouve que chez les serviteurs de Dieu, qui ne transigent pas avec leur devoir. Les transactions ne sauvent pas plus un pays que la trahison d'un soldat ne sauve une armée.

Je sais qu'un certain nombre d'entre nous ont cru à une nécessité, comme s'il y avait jamais nécessité de mal faire. (On rit.) D'autres ont obtempéré aux demandes réitérées du maréchal de Mac-Mahon, qui, nommé par des monarchistes, a accepté d'être nommé président de la République par des républicains. Ceci peut expliquer son émotion quand on lui a remis

(1) Comme tout s'oublie, nous avons cru utile de réunir ici les discours, lettres et articles concernant la séance du 22 juin. Il nous a semblé que le parti des chevau-légers avait hâte de faire oublier cette séance, où un imprudent avait trop révélé l'intensité de certaine rage politique, *qui, chez beaucoup, est à l'état latent.* C'est à cause de cela que nous avons tenu davantage à ne pas laisser ces souvenirs s'envoler avec les feuilles du jour, et à les fixer dans une petite brochure. Comme l'heure viendra, peut-être, hélas ! où, la monarchie étant irrévocablement compromise, ces hommes s'en prendront à nous, citoyens de bonne volonté, qui les aurons toujours soutenus, au lieu de s'en prendre à eux, qui se seront suicidés, il est bon d'avoir sous la main les pièces du procès, afin de leur dire un jour : « Voilà ce que vous avez fait ! »

le pouvoir ; on serait tenté de croire qu'il n'y voyait pas seulement une mission à remplir, mais l'accomplissement d'un rêve caressé. (Exclamations. — Bruit.)

M. le président. — Je ne puis pousser la tolérance jusqu'à laisser parler d'une façon aussi irrévérencieuse, d'un homme que tout le monde ici respecte. (Applaudissements.)

M. du Temple. — C'est ce que semble indiquer l'envoi en province de photographies portant ces mots : « Vive Magenta Ier. » (Nouvelles exclamations.)

M. le président. — Je vous rappelle aux convenances, et si vous continuez, je vous retirerai la parole (Très bien ! Très bien !)

M. du Temple. — Il faudra consulter l'Assemblée pour cela.

La vérité vous fait peur. (Bruit.) Je crois que le Maréchal a voulu maintenir sa devise : « J'y suis, j'y reste. »

C'est une noble devise quand on est au danger ; au pouvoir c'est la devise des ambitieux. (Interruptions.)

M. le président. — Vous voyez que vous blessez le sentiment de l'Assemblée. (Très bien !)

M. du Temple. — Il s'agit de constituer le pouvoir d'un homme ; j'ai bien le droit d'examiner la situation et la conduite de cet homme.

Mais heureusement pour lui et pour nous, il n'est pas toujours fidèle à cette devise. Bayard l'ancien, auquel le comparait une grande âme qui le jugeait d'après elle-même, mourait au milieu de ses soldats vaincus. Le code militaire n'en demande pas tant. Mais j'estime que si le souverain fut coupable à Sedan, le général qui commandait l'armée ne le fut pas moins. (Bruyantes protestations et cris : A l'ordre !)

M. le président. — Monsieur du Temple je vous rappelle formellement à l'ordre. (Très bien ! très bien !)

M. du Temple, au milieu du bruit. — Un fils d'émigré qui sait si bien interner les émigrés... (Exclamations. — Interruptions prolongées.)

M. le président. — Monsieur du Temple, pour la deuxième fois, je vous rappelle à l'ordre et je consulte l'Assemblée pour savoir si la parole vous sera conservée. (Très bien ! très bien !)

L'Assemblée décide que la parole sera retirée à l'orateur.

Opinion du journal officiel

DE L'EXTRÊME DROITE.

... M. du Temple n'est point un parlementaire habitué à envelopper sa pensée de toutes les précautions oratoires ; c'est un homme tout d'une pièce, qui dit brutalement et courageusement ce qu'il a à dire, sans s'occuper de l'effet qu'il produira, sans redouter les interruptions ou les protestations de ses adversaires, sans s'inquiéter même de mettre à mal le président, qui n'est point accoutumé à entendre pareil langage. Il va droit à son but, avec l'aménité d'un boulet de canon, sans pitié pour ceux qu'il blesse au passage.

M. du Temple a frappé sur tout le monde, aussi tout le monde a-t-il crié sous ses coups de férule. A droite, à gauche, au centre, il a porté partout de rudes coups de boutoir ; il a trouvé sur son passage le président de la République, le président de la République a eu sa part comme les autres, et même un peu plus que les autres...

M. du Temple n'aurait pas eu tort de parler et de jeter des cailloux pour troubler l'eau de la mare. Son tort est d'avoir parlé sans mesure ; son tort est d'avoir oublié que tout peut se dire, à la condition d'y apporter le tempérament et les précautions que demande l'auditoire. Il est des choses dont une Chambre ne peut pas entendre l'expression brutale ; la vérité, toute nue, choque la pudeur ; et un voile, pourvu qu'il ait une certaine transparence, lui est nécessaire pour la faire accepter (1). — (*Union*, 25 juin.)

Opinion du journal officiel

DES ULTRAMONTAINS.

...Certes, on ne dira pas de l'honorable député d'Ille-et-Villaine qu'il est de ceux qui déguisent leur pensée ou ne l'exposent pas tout entière. En dépit des murmures, à travers les interruptions les plus vives et parfois contre les oppositions les plus formidables, il marche droit au but, et ce n'est pas lui qu'on peut prendre à se servir de ce qu'on appelle les habiletés parlementaires pour insinuer ce qu'il pense ou pour faire entendre ce qu'il ne veut pas dire.

Peut-être lui ferait-on reproche d'en avoir trop dit, mais à qui la faute, si ce n'est tout d'abord aux dispositions peu bienveillantes à son endroit aussi bien du président que de l'auditoire?...

...Quand on lit ce discours, l'on est étonné des exécrations dont il est l'objet. Le tapage de la presse égale ou surpasse celui de l'Assemblée. Ce sont des clameurs presque incomparables.

. . . .

(1) Devant la clameur publique, et surtout devant l'indignation du vrai parti légitimiste, ce journal a modifié son langage. Mais voici textuellement ses paroles au lendemain de la séance.

Enlevez-le! Sabrez-le! Retirez-lui la parole! Mort à cet impur! On lit : il n'y a rien qui ne soit dans le courant le plus honnête de la conversation. Certes, l'Assemblée actuelle a entendu nombre de harangues, non pas plus franches, mais plus débauchées dans tous les sens. . . . .

. . . .

Dans le dialogue à bâtons rompus auquel l'a contraint ce vacarme, plus irrespectueux pour sa liberté qu'on ne pouvait justement l'accuser de l'être lui-même pour le pouvoir, il a dit plusieurs mots qui resteront de tant de poussières, et le seul qui rend bien compte de ces interruptions forcenées : *Vous avez donc bien peur de la vérité?*

On lui a répondu par un coup d'assommoir, mais ce coup d'assommoir au milieu de la mêlée était une adhésion.

. . . .

Faut-il que le suffrage universel s'interdise de choisir cet honnête paysan du Danube, capable cependant de dire clairement ce qu'il pense et ce que pensent la plupart de ses concitoyens qui le chargent de leurs commissions? Faut-il que le paysan du Danube, s'il est nommé, s'interdisent la libre tribune, du moins tant qu'il n'aura pas appris les rhétoriques et les logogriphes dont ses illustres collègues, avocats et ducs, exigent qu'il se serve pour déguiser l'importune vérité (1).

(Univers, 24 juillet.)

Opinions de quelques chevau-légers

A M. le Rédacteur en chef du Figaro.

Monsieur le Rédacteur,

On a introduit en France une manière d'écrire l'histoire comtemporaine qui commence à se généraliser et à laquelle *le Figaro,* malgré son dévouement aux grands principes sociaux, n'a pu lui-même se soustraire. Les faits sont inventés, racontés jugés tout à fait en dehors et le plus souvent au rebours de la vérité, pour des intérêts particuliers, pour exciter des haines ou pour acquérir des affections productives. A Dieu ne plaise que je veuille insinuer que M. de Saint-Genest ait rédigé, sous

(1) Il faut rendre justice à ce journal qui n'a pas du tout modifié son langage.

de telles préoccupations, l'article intitulé les *Chevau-légers,* dans le *Figaro* du 28 juin, mais il est positif que, s'il n'a pas trouvé ses renseignements dans sa propre imagination, il les a puisés à des sources frelatées.

J'ai parfaitement le droit, pour ma part, de protester contre les sentiments qu'il me prête, car il n'y a rien, soit dans mes paroles, soit dans ma conduite, qui l'autorise à me jeter un trait qui cherche inutilement à m'atteindre.

......Telum imbelle sine ictu.

Quelles sont donc les folies des chevau-légers, s'il vous plaît ? Quels sont leurs crimes ? Ils sont restés fidèles à leurs principes lorsque d'autres poussés par l'ambition, par des passions, dont on ne peut pas se rendre compte de peur de ne plus s'estimer, abandonnaient, dès le premier obstacle, la seule voie qui conduisait au salut, pour jeter de nouveau la France dans le péril des aventures et dans l'impuissance de l'isolement. Les Chevau-légers sont les seuls qui aient tout fait pour leurs principes et rien pour leurs personnes. Que d'efforts n'ont pas été tentés pour les jeter à l'eau par ceux-là mêmes qui recherchaient si activement leur appui ? Après leur avoir promis beaucoup plus qu'ils ne demandaient, dans des moments de crise, on les repoussait, avec une morgue et un oubli superbes, dès que leur intervention avait assuré le succès. Bref, ils commettaient le crime impardonnable d'avoir presque toujours raison, ce qui irrite singulièrement ceux qui savent bien, d'après le témoignage de leur conscience, avoir presque toujours tort.

Voulait-on en vérité que nous eussions exprimé notre joie de voir le gouvernement nouveau accomplir des actes devant lesquels M. Thiers lui-même avait reculé avec raison : le retrait de l'*Orénoque,* la surveillance de nos frontières contre les carlistes, etc., etc.? Pouvions-nous battre des mains ? N'était-ce pas assez, n'était-ce pas trop que de baisser la tête et de se taire? Pour qu'on ne blamât pas les Chevau-légers il faudrait qu'ils se résignassent à être muets et aveugles. Aux yeux de M. de Saint-Genest l'idéal du député véritablement dévoué à son pays serait-il donc le digne homme qui ne verrait pas où nous conduit l'intrigue la plus dangereuse ou qui, le voyant, n'en avertirait pas le public?...

Que certains personnages, au lieu de s'indigner contre eux-mêmes parce que, dans toutes les circonstances, ils ont montré une versatilité constitutionnelle, une étourderie, une défaillance très voisine de la trahison, parce qu'ils ont trompé tous ceux qui ont pu avoir confiance en eux, s'indignent contre les chevau-légers, qui osent toujours penser que la royauté est nécessaire au salut de la France et qui le disent quelquefois... je le comprends. C'est fort commode... cela peut dérouter le public! Mais que M. de Saint-Genest nous reproche de n'avoir pas su fixer les girouettes et emprisonner dans une outre le vent qui les fait tourner, voilà ce que je ne comprends plus ! Cela, dans tous les cas, ne peut absoudre ceux qui ont écouté de vieux préjugés et leur pauvre amour-propre plus que l'intérêt du pays, et ne diminue en rien leur responsabilité devant Dieu et devant la France... je ne dis pas devant l'histoire, car qui sait ce qu'elle deviendra avec tous les documents que la presse lui fabrique ?

Puisque je suis attaqué dans un article dirigé particulièrement contre un discours prononcé non par moi, qui ne le connaissais pas, mais par mon honorable collègue, M. le général du Temple, vous me permettrez bien de dire que je mets M. de Saint-Genest au défi de trouver, dans ce que j'ai dit à la tribune, comme dans tout ce que j'ai pu écrire, un mot qui soit contraire aux intérêts du peuple, à l'honneur de la France et qui puisse motiver l'article dirigé contre les chevau-légers en général et nominativement contre moi. J'aime mon pays autant que votre collaborateur l'aime lui-même, et ma famille n'a pas l'habitude d'épargner son sang pour le défendre. Mon fils aîné est mort au service de la France, le dernier fils qui me reste a combattu et est prêt encore à combattre pour elle. Quant à moi, quel que soit mon âge, je n'hésiterai pas à prendre les armes, lorsque l'égoïsme, la défaillance, l'aveuglement, nous condamnant à rester sans alliés au dehors, sans cohésion à l'intérieur, livreront nos frontières à l'invasion de l'étranger et nos provinces à la merci des démagogues.

Agréez, monsieur le rédacteur, l'expression de mes sentiments les plus distingués.

Vicomte DE LORGERIL,
Député des Côtes-du-Nord.

Versailles, 28 juin 1875.

Monsieur,

Depuis le jour, déjà bien éloigné, où, après avoir annoncé pour le lendemain la publication d'une réponse que je vous adressais, vous avez fini par me refuser la parole, probablement parce que ma parole vous embarrassait, j'ai laissé passer sans rien relever, chacune des attaques passionnées ou grotesques sous lesquelles vous avez espéré m'accabler.

Je garderais certainement encore le silence devant l'article intitulé *les Chevau-légers*, inséré dans votre numéro d'hier, me contentant de sourir de la colère et de la haine que vous inspire un pauvre vieux soldat sorti de sa retraite après quarante années d'un exil volontaire, si je n'avais à dégager mes amis politiques d'une responsabilité qui m'incombe d'une manière toute particulière, parce que je n'ai demandé l'avis de personne lorsque j'ai cru devoir signaler M. Thiers comme le mauvais génie de la France, alors que M. Thiers était tout-puissant, et, dans ces derniers jours, m'inscrire en faux contre M. Buffet, à l'occasion de sa déclaration du 12 mars, au nom du ministère né la veille.

Voyons donc ce que signifie cette diatribe à prétentions magistrales.

Vous dites :

« Il y a quatre ans, après nos malheurs, tout le monde, c'est-à-dire toutes les classes dirigeantes étaient légitimistes. Ceci est indiscutable et je défie quiconque de le contester. »

Je retiens un pareil aveu que je reconnais de la plus exacte vérité, sinon pour ce qui concerne l'Assemblée nationale à Bordeaux, du moins à l'égard de la France.

Après une colonne entière, consacrée à quatre Chevau-légers dont, dites-vous, les excentricités et l'amour de l'ancien régime ont découragé les dispositions les meilleures — et c'est moi que vous signalez comme le plus coupable, soit parce que j'ai attaqué M. de Falloux en face, soit parce que je considère le vote universel comme la base essentielle et inévitable de notre organisme futur — vous résumez en ces termes votre double affirmation :

« ..... Mais enfin, quand on voit de quoi sont capables les radicaux blancs, quelles circonstances atténuantes pour tous ceux que de pareils hommes ont jetés dans le libéralisme et la révolution.

» Voilà le travail qui s'est fait dans les esprits.

» Interrogez les jeunes gens de l'Ecole polytechnique, de Saint-Cyr, les officiers de l'armée, demandez quelle était l'opinion il y a quatre ans et ce qu'elle est aujourd'hui ! »

Ainsi, ce sont les radicaux blancs qui ont déterminé M. Thiers à raviver, dès le premier jour, toutes les prétentions, les préventions, les appétits et les convoitises des habiles, et à dire aux républicains, l'avant-veille de notre départ pour Versailles : Soyez sages, l'avenir est à vous, pendant qu'on exigeait, d'un autre côté, l'abdication du roi et la promesse par écrit du roi de ne pas se remarier, dans le cas où il aurait la douleur de perdre Mme la comtesse de Chambord.

Ce seraient ces mêmes hommes qui auraient inspiré à M. de Falloux, à la fin de décembre 1871, dans une soirée où se trouvaient cent députés, un discours au milieu duquel il nous demandait de nous réunir, de faire une constitution à imposer au Roi avec le drapeau tricolore, et de nous adresser à l'héritier si nous éprouvions un refus.

Ce n'est pas tout, tant s'en faut; nous sommes encore coupables d'avoir empêché M. le Maréchal de se rendre à une entrevue que le Roi lui demandait, et d'avoir fait admettre en France, avant et après le 20 novembre 1873, que le Roi était impossible et que d'ailleurs M. le comte de Chambord se trouvait lui-même au-dessous de sa mission.

J'ajouterai que, d'après vous, c'est à nous qu'on doit, en qualité d'alliés de la gauche extrême, l'énergie dont M. Buffet et quelques chefs du centre droit ont fait preuve, en préparant le vote du 25 février dernier, qui nous a imposé légalement une république prétendue monarchique dont il veut encore aujourd'hui chasser tous les républicains à l'aide des hommes qu'il a abandonnés et livrés à la logique impitoyable de la révolution.

En vérité, il faut que vous ayez un mépris tout particulier de vos lecteurs pour avoir laissé paraître dans votre journal une pareille page, signée du nom de celui qui avait osé naguère présenter *Pavia* à notre armée comme un exemple à suivre, et qui, depuis, n'a cessé d'être l'un de vos rédacteurs avoués que pour vous permettre d'échapper aux conséquences des articles dans lesquels il se plaisait à déverser l'outrage sur l'Assemblée nationale, notre dernier et, malheureusement, seul pouvoir légitime.

Au fond, monsieur, votre animadversion implacable contre moi provient de ce que, depuis la première séance, je n'ai cessé de répéter à la France qu'elle est irrévocablement perdue si elle ne revient pas à la royauté, et de ce que, sous l'empire de cette conviction que tout justifie d'une manière de plus en plus évidente, je me refuse nettement à aller rejoindre M. Buffet et ses amis au fond du précipice dans lequel ils sont descendus volontairement et où désormais rien ne saurait les sauver.

Croyez-moi, votre œuvre est vaine; vous ne parviendrez pas à déconsidérer les quelques hommes qui restent royalistes à travers nos tristes vicissitudes, ni à les empêcher de remplir jusqu'au bout, avec toute l'énergie dont ils sont capables, leur devoir de vrais et fidèles serviteurs de notre pays.

J'ai l'honneur d'être, monsieur, votre très humble serviteur.

MARQUIS DE FRANCLIEU.

Versailles, 29 juin 1875.

Versailles, 30 juin 1875.

Monsieur le Rédacteur,

Afin de ne pas être influencé dans les circonstances critiques, j'agis résolûment, suivant ce que je crois mon devoir, sans regarder autour de moi, et je lis peu de journaux, par crainte de leurs jugements. C'est mal et d'un mauvais exemple, je l'avoue, mais c'est ainsi que je n'ai pas eu connaissance d'articles assez nombreux, à ce qu'il paraît, de votre journal où mon nom se trouve mêlé à ceux de plusieurs de mes amis. Bien plus, à l'émoi de plusieurs journaux légitimistes et du principal entre autres, je vois que vous avez voulu rendre le parti solidaire de ma conduite. Si votre but est de me provoquer à me renier, vous faites bien, mais s'il en est autrement, laissez-les, je en vous prie.

Par l'exorde de mon discours, j'ai pris à tâche de ne compromettre personne. Mes amis et tous les cœurs généreux, je le vois chaque jour, même ceux qui n'approuvent pas tout ce que

je fais, ne m'abandonneront pas et surtout ne me renieront pas.
Mais il y en a qui, de bonne foi sans aucun doute, croyant atteindre le même but que moi en allant à l'opposé, ne demandent
qu'à le faire. Ne les poussez pas à bout, non pour moi qui ai
peu à perdre, d'après tout ce qui se dit, mais pour eux.

Il me revient en outre, car vous dites des horreurs de moi,
que vous annoncez que j'ai toujours près de moi un maître
nageur. Est-ce au propre, est-ce au figuré? Est-ce parce que
mon parti est prêt à me jeter à l'eau? Je ne sais, mais vous me
peinez.

Je croyais être maître nageur (1) . . . .

. . . .

Veuillez agréer, monsieur le Rédacteur, l'assurance de ma
considération distinguée.

F. DU TEMPLE,
Député d'Ille-et-Vilaine.

A Monsieur de Saint-Genest.

Paris, 3 juillet 1875 ;
Rue Royale-Saint-Honoré, 11.

Monsieur,

Je suis arrivé avant-hier de mon département où j'avais été
me rendre compte des désastres qui viennent de frapper nos
populations méridionales. J'y suis resté un jour de plus pour
avoir l'honneur de me joindre aux autorités de Bordeaux et
d'exprimer avec elles, à M. le maréchal de Mac-Mahon, notre
reconnaissance d'avoir bien voulu visiter une partie, hélas! bien
dévastée du département de la Gironde. J'étais heureux aussi,
certain d'être l'interprète de mes amis, de trouver une prompte
occasion de protester contre une injure adressée à l'illustre soldat que Mgr le comte de Chambord a nommé le Bayard des
temps modernes.

Les amis du roi n'auront jamais la pensée, croyez-le bien,
d'amoindrir une gloire militaire qui, dans des temps de défail-
lances de toute sorte, est pour notre pays un consolant honneur.

Par suite de mon absence, j'ai lu, hier seulement, votre premier article sur les chevau-légers, je lis aujourd'hui le nouveau
que vous leur adressez.

Il n'est pas dans mes goûts de poursuivre des polémiques de
journaux, et je ne répondrais pas à vos articles si je n'avais pas

(1) Nous ne pouvons pas continuer... Cette lettre étant absolument
folle ne peut pas être citée dans une brochure sérieuse.

l'habitude, en présence d'un adversaire politique, de tenir un plus grand compte de ses qualités que de ses fautes.

Vous avez eu, monsieur, le mérite de défendre notre armée, avec une rare énergie et un grand talent, dans des moments où elle était lâchement attaquée, et vous n'avez jamais hésité à mettre au ban de l'opinion publique ces insulteurs assassins de nos soldats. Tel est le souvenir qui me fait surmonter la pénible impression que j'éprouve en face des erreurs que vous publiez dans *le Figaro*. Vous avez été trompé probablement par des récits mensongers ou par des articles de journaux inventés dans le but d'égarer l'opinion publique.

Il faudrait demander à M. de Villemessant l'insertion dans son journal d'un vrai mémoire, pour réfuter une à une vos assertions et pour prouver l'injustice de vos blâmes et de vos attaques. Je ne crois pas utile de le faire, mais je me tiens à votre disposition, si vous désirez avoir des renseignements qui éclaireront votre jugement, et qui vous mettront au courant de faits que, sans nul doute, vous devez ignorer.

Mieux renseigné, vous regretterez, j'en suis certain, à propos de discours, de correspondances et d'articles de journaux dont les auteurs sont seuls responsables, d'avoir accusé aussi injustement une réunion composée d'hommes dont vous pouvez ne pas partager les convictions, mais qui, permettez-moi de vous le dire, ont droit à votre respect.

Recevez, monsieur, l'assurance de ma parfaite considération (1).

JOSEPH DE CARAYON LA TOUR.

Manifeste de M. de Kerdrel.

Séance du 7 juillet 1875.

M. Audren de Kerdrel. — Messieurs, je ne retiendrai l'Assemblée que pendant très peu d'instants. Je viens, au nom d'un grand nombre de mes amis, et en mon nom propre, vous apporter à la tribune une très courte déclaration. Je fais appel à votre patience. (Parlez!)

Messieurs, au moment où se pose la question de savoir si l'Assemblée doit passer à une troisième lecture du projet de loi sur les pouvoirs publics, vous me permettrez d'expliquer brièvement le vote que nous allons émettre.

Nous n'avons pas voté la loi qui, le 25 février, a établi la Ré-

---

(1) Déjà on sent la distance qui sépare ce langage des précédentes missives. Tout fait espérer que le groupe auquel appartient l'honorable M. de Carayon la Tour se ralliera bientôt au manifeste Kerdrel.

publique. Fermement convaincus que la monarchie héréditaire et constitutionnelle... (Bruyante interruption à gauche.)

Messieurs, je n'ai jamais compris que l'expression loyale d'une conviction sincère pût exciter des murmures. (Très bien ! très bien ! à droite et au centre.)

A gauche. C'est trop tard maintenant ! — Il fallait dire cela le 25 février ! (Agitation.)

A droite. Laissez parler ! N'interrompez pas !

M. Audren de Kerdrel. — Je reprends ma phrase, ou plutôt la phrase de mes amis, dont je ne suis ici que l'organe absolument fidèle. (Ecoutez ! écoutez ! à droite.)

Fermement convaincus que la monarchie héréditaire et constitutionnelle est le gouvernement qui convient le mieux aux intérêts du pays, à ses traditions, à ses mœurs, et qui peut le mieux assurer sa sécurité au dedans et au dehors... (Rumeurs à gauche)... nous n'avons pas cru pouvoir adhérer au principe du gouvernement républicain. D'autres, monarchistes aussi, ont pensé qu'en soumettant la République à un droit absolu de révision, ils pouvaient la voter comme une nécessité qui s'imposait à eux.

Loin de nous, en rappelant cette divergence, de vouloir y chercher un sujet de récrimination. Il est, dans la vie publique, des heures si profondément troublées, que les esprits les plus fermes et les plus sûrs se demandent alors de quel côté est la voie qu'il faut suivre, de quel côté le devoir qui commande. (Très bien ! très bien ! sur divers bancs à droite et au centre.)

Ces dissidences entre des hommes qu'anime le même amour du pays et qui, au fond, restent attachés les uns et les autres à une même conviction politique... (Rumeurs à gauche), n'ont plus aujourd'hui de raison d'être. Il s'agit en effet, non d'établir un gouvernement nouveau, puisqu'il existe depuis le 25 février, mais seulement de déterminer les règles suivant lesquelles ce gouvernement devra fonctionner, jusqu'au jour où le droit de révision pourra légalement s'exercer.

Dans un débat où les principes conservateurs se trouvent si vivement engagés, nous ne pouvons être des spectateurs indifférents et désintéressés. (Très bien ! très bien ! à droite et au centre.)

D'ailleurs, royalistes, plus nous sommes effrayés des dangers dont le principe républicain menace le pays, plus nous devons nous efforcer d'atténuer les conséquences de ce principe. (Exclamations à gauche.)

Telles sont, en quelques mots, messieurs, les raisons qui nous déterminent à voter pour une troisième lecture. (Vives marque d'approbation sur plusieurs bancs à droite et au centre.

Paris. — Typ. Balitout, Questroy et Cᵉ, 7, rue Baillif.

www.ingramcontent.com/pod-product-compliance
Lightning Source LLC
Chambersburg PA
CBHW061315050726
47594CB00004B/1718